Steinbock

~~~
22. Dezember – 20. Januar

~~~

© 2008 arsEdition GmbH, München

Alle Rechte vorbehalten
Text: Madelaine Faubert
Illustrationen Umschlag: Silvia Braunmüller
Illustrationen: Silvia Braunmüller; S. 4, 36: Dover Publications; S. 37: Renate Lehmacher; S. 38: Clipart ETC
Gestaltung: Renate Lehmacher, Atelier Georg Lehmacher, Friedberg (Bay.), www.lehmacher.de
Printed by Tien Wah Press
ISBN 978-3-7607-3614-3

www.arsedition.de

Inhalt

Einführung in die Astrologie 4

Persönlichkeit, Vorlieben, Beruf und Karriere,
    Freundschaft 10
    Die Steinbock-Frau 10
    Der Steinbock-Mann 16

Berühmte Menschen dieses Sternzeichens .. 22

Die Bedeutung des Aszendenten 24

Berechnung des Aszendenten für
das Sternzeichen Steinbock 26

Der Steinbock mit seinen Aszendenten 27

Steine, Farben, Metalle, Tiere,
Pflanzen, Düfte 34

Mythen und Legenden 36

Der Steinbock und die Liebe 40

Der Steinbock und seine Beziehungspartner . 42

Die Bedeutung des Mondes
in der Astrologie 56

Der Steinbock mit dem Mond
im Sternzeichen 58

Einführung in die Astrologie

Wir ›modernen‹ Menschen leben heute in einer Welt der Wissenschaften, genauer gesagt in einer Welt der Naturwissenschaften. Mathematik, Physik, Chemie und Biologie bestimmen und erklären unser Leben auf dem Planeten Erde. Die Naturwissenschaften erheben den Anspruch, alles deuten und erklären zu können: wie das Universum entstanden ist, auf Grundlage welcher Gesetze der Kosmos und alles in ihm ›funktioniert‹, warum ein reifer Apfel vom Baum auf die

Erde und nicht die Erde auf den Apfel fällt – der Raum und sein Inhalt, die Zeit und ihr Maß: Wir glauben an die hundertprozentige Richtigkeit naturwissenschaftlicher Gesetze.

Warum? Weil Naturwissenschaftler ihre Annahmen und Voraussagen beweisen können. Zunächst beobachten sie Phänomene, beschreiben sie und bilden dann eine Hypothese über die Wahrscheinlichkeit der diesen Abläufen zugrunde liegenden Gesetze. Wenn sich dann, wieder und wieder bei Beobachtungen in freier Natur oder bei einem Versuchsaufbau im Labor bei gleichen Rahmenbedingungen, exakt die gleichen Abläufe ergeben, werden ein Phänomen und die daraus folgende wissenschaftliche Hypothese zum Gesetz. So ist unsere Welt erklärbar geworden und überdies ›sicher‹, da wir modernen Menschen ja wissen, wie sie in sich funktioniert. Das macht sie ›übersichtlich‹, das reduziert ihre erschreckende Komplexität.

Die starke Suggestionskraft, die von den Errungenschaften der Naturwissenschaften auf den menschlichen Geist und das menschliche Weltverständnis ausgeht, rührt jedoch auch vom Willen des Menschen, sein Schicksal selbst zu bestimmen. Der geistige Emanzipationsprozess, der im Zeitalter der Aufklärung im 17. und 18. Jahrhundert einsetzte und die menschliche Vorstellungskraft von Mythen und starren religiösen und ideologischen Vorurteilen befreite, läutete den Siegeszug der Naturwissenschaften ein.

Gleichwohl übt die Astrologie nach wie vor eine hohe Anziehungskraft auf die Menschen aus. Das war auch bereits vor zwei oder drei Jahrtausenden so. Verfügten nicht auch bereits die Babylonier, die Sumerer, die ›alten‹ Ägypter, Griechen und Römer, dazu Chinesen und Inder, Azteken, Maya und weitere Indiovölker in Zentral- und Mittelamerika, über hervorragende mathematische, physikalische und astronomische Kenntnisse? Und alle diese Völker und Kulturen waren vom Blick ins nächtliche Firmament, von den flimmernden Sternen und dem Gang der Planeten fasziniert. Somit ist es nicht überraschend, dass auch heute noch viele Menschen an Erkenntnissen der Astrologie interessiert sind. Die ›Errungenschaften‹ der Naturwissenschaften werden im Zeitalter der Atombombe und des Klonens menschlicher und tierischer Genome nicht mehr nur positiv gewertet.

Das ist *ein* Grund für die aktuelle Anziehungskraft der Astrologie, die viel mit Psychologie zu tun hat, mit einer Wissenschaft, die menschliches Verhalten interpretiert und deutet. In der Astrologie allerdings wird menschliches Leben ganzheitlich verstanden, als ›Fluss‹ eines Ganzen, das in einen biophysikalischen, biochemischen und kosmologischen Rahmen eingebettet ist. Wichtig für das Verständnis und den Zugang zur Astrologie ist die Kombination der *Astro*nomie mit der Psycho*logie*. Aus beiden wird die *Astrologie*, die die fest gefügten Bahnen der Planeten und die Strukturen der Sterne mit der menschlichen Seele und ihrem Schicksal in Zusammenhang setzt.

Diese Definition ist jedoch sehr allgemein. Bei genauer Betrachtung basiert der Grundgedanke der Astrologie auf der Überzeugung, dass die Rhythmen in unserem Sonnensystem, die geprägt werden durch den Stand der Sonne, die Umlaufbahn des Mondes um unser Zentralgestirn und den Gang der Planeten, Einfluss haben auf biologische, chemische und psychische Prozesse auf unserer Erde. Die Gestirne und ihr

Rhythmus, mit dem sie sich im Verhältnis zur Erde bewegen, üben einen Einfluss, einen »kosmischen Reiz« auf die Seele der Lebewesen aus, allerdings weit komplizierter und weniger offensichtlich zu beobachten als zum Beispiel der Gezeitenwechsel von Ebbe und Flut, der durch den Abstand des Mondes zur Erde und durch den Wechsel der Jahreszeiten erzeugt wird. Die kosmischen Reize sind es also, mit denen sich die Astrologie vornehmlich beschäftigt.

Dabei sind Astrologen davon überzeugt, dass kosmische Reize ähnlich wirken wie beispielsweise die Wetterfühligkeit auf gesundheitlich sensible Menschen. Manche dieser Reize aktivieren charakterliche Eigenschaften und Verhaltensweisen, andere hingegen dämpfen sie. Das heißt: Eine ganz spezifische Konstellation der Gestirne determiniert Typus und Werdegang jedes Menschen. Dabei erzwingen die Konstellation der Sterne und andere kosmische Reize aber weder die Geburt noch das Schicksal eines Menschen, sie »reizen« lediglich und geben einen Impuls. Der Kirchenvater Thomas von Aquin drückte diesen Zusammenhang so aus: *»Die Sterne machen geneigt, sie zwingen nicht.«*

Die wichtigste Ausdrucksform der Astrologie ist die Erstellung eines Horoskops. Das Wort stammt von dem altgriechischen *horoskopos* und bezeichnet den im Osten aufsteigenden Tierkreisgrad; das Wort ist zusammengesetzt aus dem Substantiv *hora*, die »Stunde«, und dem Verb *skopein*, »sehen, schauen, erkennen«. Das Horoskop ist die Arbeitsgrundlage der Astrologie, eine grafische Darstellung der bestimmten Konstellation der Gestirne zum genauen Zeitpunkt der Geburt eines Menschen, bezogen auf seinen Geburtsort. Mit den berechneten Daten (die Konstellation der Gestirne relativ zum Beobachter auf der Erde) versucht die Astrologie den Einfluss der kosmischen Reize zu bestimmen.

In dieser Buchreihe geben wir unseren Lesern die Instrumente an die Hand, um möglichst zuverlässige Aussagen über die jeweilige Konstellation der Sterne treffen zu können. Dazu zählen genaue Charakteristiken der Tierkreiszeichen, ihre Partnerschaften sowie Informationen über den Einfluss des Aszendenten und des Mondes auf jedes Sternbild. Und nicht zuletzt unterrichten wir Sie über berühmte Vertreter jedes Tierkreiszeichens, über Mythen, die sich um die Sternbilder ranken, und ihre charakteristischen Vorlieben für Metalle, Farben, Steine, Tiere, Pflanzen und Düfte. Gleichermaßen eine informative und unterhaltsame Lektüre!

Steinbock

Persönlichkeit, Vorlieben, Beruf und Karriere, Freundschaft

Die Steinbock-Frau

Nicht reizen!
Wohl dem, der dieser Frau etwas entgegenzusetzen hat. Sie ist ein Kind der Erde und kann den Boden unter ihren Füßen in Eis verwandeln, wenn sie nicht will, dass man ihre Gefühle entschlüsselt. Und das ist die Regel. Die Steinbock-Frau hat sich in der Gewalt, ihre Gefühle – ja, sie hat welche! – weiß sie zu kontrollieren. Das ist manchmal auch besser so, denn sie kann ein Gegenüber sein, dessen Zorn man besser nicht herausfordert. Dabei verhält sie

Persönlichkeit, Vorlieben, Beruf, Freundschaft

sich – im Fall des Falles – aber nicht wie eine Xanthippe oder das sprichwörtliche ›Racheweib‹, sondern wie Eis, oder besser: wie ein Eisberg. Kühl, distanziert, unnahbar, aber eisern in ihrer Konsequenz revanchiert sie sich für die erlittene Schmach. Kein Vergnügen!

Spitze Hörner

Die Steinbock-Frau strebt. Immer nach oben, immer nach vorne, immer weiter. Niemals aber ins Ziellose. Sie lässt sich nicht überraschen von dem, was da kommt, denn sie weiß genau, wo sie hin will. Und das versteht sie mit Konsequenz, Energie und Fleiß umzusetzen, aber auch mit dem Einsatz ihrer weiblichen Reize. Die gebraucht sie dosiert und nur dann, wenn sie sich sicher sein kann, dass sie damit ihrem Ziel ein Stückchen näher kommt. Das Leben ist dazu da, beherrscht zu werden. Ihre Hörner sind spitz und, gezielt eingesetzt, können sie sehr verletzen. Der zielstrebigen Dame wird das aber nicht mehr als ein Schulterzucken abringen. ›Dann geh mir halt aus dem Weg‹, denkt sie sich und schreitet weiter.

Persönlichkeit, Vorlieben, Beruf, Freundschaft

Die Steinbock-Frau ist Realistin

Ihr Stolz ist groß. Ihr Wille unbedingt. Ganz oder gar nicht, alles oder nichts. Die Steinbock-Frau macht nie halbe Sachen. Weder im Beruf noch im Privatleben. Schon weil sie viel zu vorsichtig ist – und um ihre Verletzbarkeit weiß. So kühl sie wirkt, so weich kann sie sein, ist ihre Schale erst einmal geknackt. Aber zugleich ist sie die personifizierte Emanzipation. Sie stellt ihre Unabhängigkeit nie infrage und lässt auch nicht zu, dass das ein anderer tut. Wenn sie sich verliebt, dann mit Bedacht. Den Mann ihrer Wahl hat sie sich vorher lange angeschaut, unter Umständen sogar sein Bankkonto überprüft, denn die Steinbock-Frau ist realistisch. Wieso soll sie sich ausgerechnet einen armen Schlucker ausgucken, wenn ein Mann mit Vermögen auch ein guter Vater für ihre Kinder sein kann. Um anders zu denken, ist die Steinbock-Frau viel zu realistisch. Das hat nichts mit Materialismus zu tun, mit einer Lebenseinstellung etwa, bei der sich alles ›rechnen‹ oder ›auszahlen‹ müsste. Nein, vielmehr mit einer nüchternen und zurückhaltenden Einstellung nach der Devise: ›Warum soll ich mir und meinem Leben Probleme machen, wenn ich es auch anders haben kann?‹

Persönlichkeit, Vorlieben, Beruf, Freundschaft

Auf den weiblichen Steinbock ist Verlass

Wer sie aber an seiner Seite hat, der hat eine Partnerin, auf die unbedingter Verlass ist, in puncto Haushaltsführung und Kindererziehung ebenso wie in Gelddingen. Einkaufen gehen und zehn Paar Schuhe kaufen, wenn sie schon für jedes Wetter ein Paar passende im Schrank hat? Niemals! Natürlich dürfen die edlen Sandaletten zum Abendkleid oder das passende Business-Outfit nicht fehlen. Die Steinbock-Frau weiß schließlich, was sie hermacht und wann sie etwas hermachen muss. Daher trägt sie auch gerne edle Marken und hat einen Hang zum Exquisiten, niemals aber zum Verschwenderischen. Dafür legt sie ihr Geld viel zu gern auf die hohe Kante. Sicherheit geht ihr über alles. Ihr Äußeres ist, falls sie sich das leisten kann, von gediegener Eleganz, niemals protzig, verkitscht oder »überkandidelt«. Sie trifft immer den richtigen Ton, die richtige Farbe, die passende Kombination.

Der Chefsessel ist der ihre

Die Steinbock-Dame entwickelt sehr früh ihre Vorstellung von ihren Berufszielen. Schon in der Schule beweist sie, dass sie ihre Hausaufgaben mit Bravour erledigt, dass es kaum

Persönlichkeit, Vorlieben, Beruf, Freundschaft

jemand gibt, der seine Vokabeln besser hersagen kann, und, will sie die Note Eins, dann schreibt sie auch eine Eins. Sie weiß sich einzuschätzen und wird sich nichts vornehmen, was sie nicht auch erreichen kann. Ihre Schulkameraden werden ihr später bei einem Bewerbungsgespräch gegenübersitzen – dabei sitzt die Steinbock-Frau auf dem Chefsessel. Wenn sie nicht Unternehmerin geworden ist, wird sie sich in allen Berufen wohlfühlen, in denen sie ihren Fleiß, ihr Durchhaltevermögen, ihre Sorgfalt und Verlässlichkeit zur Geltung bringen kann. So ist sie gut vorstellbar als Bankerin, als Wirtschaftsprüferin oder Steuerberaterin, auch als Architektin oder da, wo der unbedingte Wille vielleicht am meisten zählt, im Leistungssport. Denn hier gilt – ob bei Wettkämpfen in der Schule, im Sportverein oder bei der Olympiade – genau der Leitspruch ihres Lebens: ›Höher, weiter, schneller.‹

Persönlichkeit, Vorlieben, Beruf, Freundschaft

Eine Frau mit Anspruch

Die Steinbock-Frau ist ein Einzelgänger. Sie ist so vorsichtig, wenn es darum geht, Gefühle zu investieren, dass sie nur wenige Freunde haben wird und diese Freundschaften viel Zeit brauchen, um sich zu entwickeln. Aber dann bleibt sie treu. Selbst wenn sie an mancher Stelle über ihre Freunde die Nase rümpft, schließlich genügen sie nur selten ihren Ansprüchen an Moral, Beständigkeit und Zuverlässigkeit. Pardon! Ihre Freunde und Freundinnen müssen mit ihren hohen Ansprüchen schon klarkommen. Da kann sie niemandem helfen ...

Angst vor dem Gefühl

Im Großen und Ganzen kommt die Steinbock-Frau gut durchs Leben. Hindernisse räumt sie beiseite, und was sie haben will, wird sie in der Regel auch bekommen. Einzig ihre übergroße Vorsicht kann ihr zum Verhängnis werden. Vor allem in der Liebe. Ihre Leidenschaften gehen tief, aber wer diese zu sehr drosselt, vor lauter Angst, sie könnten die Oberhand gewinnen, wird vom Leben womöglich nur wenig spüren.

Persönlichkeit, Vorlieben, Beruf, Freundschaft

Man muss sie näher kennenlernen

Auf andere Menschen, besonders auf die, die eine Steinbock-Frau lieben und verehren, wirkt dieses Verhalten bisweilen sehr merkwürdig. Sie hat doch alles, was man sich wünschen mag! Charakter, Charisma, Erfolg, das gewisse Etwas! Sie ist strebsam, fleißig, sorgfältig, zuverlässig. Warum also kann sie manchmal so kühl sein, sich so zäh und widerwillig öffnen, so wenig risikobereit und optimistisch sein? Na ja, sie ist es wohl auf ihre ganz eigene Weise, die sich erst dann erschließt, wenn man sie sehr gut kennt.

Der Steinbock-Mann

Der Steinbock ist ein starkes Sternzeichen. Strebsamkeit sagt man ihm nach, Ehrgeiz und Zielstrebigkeit. Vom Planeten Saturn gesteuert, gilt er als realistisch, beständig, ein wenig materialistisch, unnahbar und nörgelig. Er hat aber einen weichen Kern. Das Zeichen Steinbock (oft auch mit einem Fischschwanz dargestellt) setzt ein am 22. Dezember, wenn die Tage am kürzesten sind, wenn jedes Leben in der Natur verloschen scheint. Das ist aber auch der Zeitpunkt,

Persönlichkeit, Vorlieben, Beruf, Freundschaft

an dem alles sich hinwendet zu einem Wiedererwachen, das langsam und stetig angestrebt wird. So ist der Steinbock: Nach außen unterkühlt, klopft unter seiner rauen Oberfläche ein kraftvolles und großes Herz, und er ist fest entschlossen, auf seinem Weg vorwärtszugehen.

Absolutes Verantwortungsbewusstsein
Mit einem Steinbock-Mann zum Traualtar? Wenn man von der Ehe Beständigkeit erwartet, dann ja. Wenn der Steinbock sich einmal entschieden hat, dann steht er auch zu seinem Entschluss, ganz gleich, ob es sich dabei um die Ehe, den Kauf eines Hauses oder die Besteigung des Kilimandscharo handelt. Der männliche Steinbock sorgt für seine Familie mit dem gleichen Verantwortungsbewusstsein wie für das Erreichen seiner beruflichen Ziele.

Der Steinbock weiß, was er will
Beruf, Erfolg und Karriere stehen beim männlichen Steinbock ganz oben. Schließlich wusste er schon, kaum aus den Windeln raus, was er werden will. Wenn der erste Kassettenrekorder einem Fünfjährigen dazu dient, Fußballkommentare auf Band zu bannen, und der Dreikäsehoch frech behauptet, ›Sportreporter‹ sei sein

Berufsziel, dann können sich seine Eltern darauf einrichten, dass er das auch durchsetzt. Und das mit Beharrlichkeit, Ausdauer und sehr viel Fleiß.

Berufe mit Sicherheitsaspekt

In aller Regel ist er zurückhaltend, in sich gekehrt, sogar schroff. Klar, wer so konzentriert auf seine Ziele hinarbeiten muss, will nicht abgelenkt werden. Daher wird sich der männliche Steinbock in Berufen wohlfühlen, die ihn fordern, bei denen er sich Ziele stecken und Erwartungen in Eigenverantwortung erfüllen kann. So ist er als Buchhalter eine Empfehlung, als Beamter eine Bank. Ein Bauwerk, das ein Steinbock-Architekt geplant hat, wird gute Fundamente haben, und einem Steinbock-Lehrer kann man seine Kinder anvertrauen. Steinböcke findet man häufig in Berufen, die Sicherheit und Renommee bieten: leitende Manager, Politiker, Juristen. Künstlerische Steinböcke werden mit der Bildhauerei glücklich werden.

Persönlichkeit, Vorlieben, Beruf, Freundschaft

Auch im Bergbau, in der Maurerzunft, in der archäologischen Forschung, der Mathematik, unter Förstern, Gärtnern und Pfarrern sind sie zu finden.

Erbitterter Gegner

Der Steinbock braucht keinen Aufpasser, der ihm sagt, wie er zu arbeiten hat. Er weiß selbst am besten, was zu tun ist, von oben erzwungene Leistungen können zu bitteren Konfrontationen führen. Einmal angegriffen, wird er nicht spontan zurückschlagen. Vielmehr wird er erst einmal einige Zeit der Vorbereitung brauchen, bis er dann, von sicherem Terrain aus, aber mit ungeheurer Wucht, einen Entlastungsangriff starten kann, der in aller Regel zu einem Siegeszug wird. Denn hier ist er wieder: der unbedingte Wille des Steinbocks zum Erfolg.

Beispiellos entschlussfreudig

Dieser Erfolgswille ist gepaart mit einer ungeheuren Zähigkeit und Beharrlichkeit, die vielleicht an ein Charakteristikum des Stiers erinnern mag, sich aber aus einer ganz anderen Quelle speist: nicht aus der Sehnsucht nach Ruhe und Beschaulichkeit, nach Ordnung und Übersichtlichkeit, die häufig Vertretern des

Tierkreiszeichens Stier zu eigen ist, sondern aus seiner Entschlusskraft, die sich Aufgaben stellt, Ziele definiert und die dafür erforderlichen Strategien festlegt. Und dann wird eben marschiert, marschiert und marschiert – bis die Wünsche erfüllt und das Ersehnte erreicht ist.

Verwundbar und nachtragend

Was seine Gegner allerdings nicht wissen – und er wird es sie auch nicht wissen lassen: Er ist bei aller Härte extrem verwundbar. Einmal erlittene Schmach wird er sein Leben lang mit sich herumtragen – und wahrscheinlich nie verzeihen. Dies nicht etwa darum, weil er von Natur aus überzeugt wäre, selbst fehlerlos zu sein, oder weil er ein übersteigertes Ehrgefühl besitzt. Nein. Sein Wille zum Erfolg und seine Philosophie vom Schmied, der für sein eigenes Glück verantwortlich ist, lässt ihn so konsequent sein im Nicht-vergessen-Können.

Treue und ein weicher Kern

Während der männliche Steinbock im Beruf immer weiter strebt, will er in Liebe und Partnerschaft einmal Erreichtes nie wieder hergeben. Seinen besten Freund lernt er im Sandkasten kennen, und wenn der ihm keinen Grund gibt,

Persönlichkeit, Vorlieben, Beruf, Freundschaft

sich von ihm abzuwenden, dann wird die Steinbock-Freundschaft ein ganzes Leben lang halten. Auf die regelmäßigen Anrufe des Steinbock-Mannes ist Verlass, dafür kann er sogar mal kurzzeitig seine Arbeit Arbeit sein lassen. Seine Freunde schätzen seinen Humor.

Was für den Außenstehenden am Steinbock kaum zu bemerken ist, ist sein weiches Herz. Zu schroff, zu unnahbar gibt er sich allen außer seinen engsten Freunden gegenüber. Man muss schon tief schürfen, um die wärmende Glut zu spüren, die in ihm lodert. Die Mauer, hinter der er lebt, ist dick. Und oft ist er so gefangen in seinem Willen zur Pflichterfüllung, dass er die schönen Dinge des Lebens übersieht. Wem er es aber gestattet, zu ihm durchzudringen, den wird er in seinem Herzen behalten. Seine unabdingbare Treue und feste Zuneigung wird jede Partnerin an ihrem Steinbock-Mann zu schätzen wissen.

Steinbock

Berühmte Menschen dieses Sternzeichens

―――― ~ o ∅ o~ ――――

Elvis Presley
Der »King of Rock'n' Roll«, amerikanischer Sänger und Schauspieler, wurde am 8. Januar 1935 in Tupelo, Mississippi geboren. Nach der Highschool arbeitete er unter anderem als Lastwagenfahrer. 1953 nahm er seine ersten beiden Musiktitel auf, sorgte außer mit seiner Musik auch mit seinem Hüftschwung für Aufsehen. Mit 1,43 Millionen verkauften Tonträgern bis zum Jahr 2007 gilt er als erfolgreichster Sänger aller Zeiten.

Johanna von Orleans
Die französische Märtyrerin wurde am 6. Januar 1412 in Lothringen als Tochter eines wohlhabenden Bauern und Bürgermeisters geboren. Mit 13 Jahren hörte sie Stimmen, die ihr den Auftrag gaben, Frankreich vor den Engländern zu retten. Nach einem langen und wechselvollen Wirken, in dessen Verlauf sie unter anderem der Stadt Orleans mit einer kleinen Einheit von Soldaten half, die Belagerung der Englän-

der zu überwinden, wurde sie im Jahr 1431 als Ketzerin auf dem Scheiterhaufen verbrannt.

Konrad Adenauer

Geboren am 5. Januar 1876 in Köln. Schon 1906 trat Adenauer der Zentrumspartei bei und wurde 1917 zum jüngsten Oberbürgermeister der Stadt Köln gewählt. 1933 enthoben ihn die Nationalsozialisten seines Amtes. 1945 wurde er von den Amerikanern wieder als Oberbürgermeister eingesetzt – und kurz darauf entlassen: wegen angeblicher Unfähigkeit. 1949 wurde er zum Bundeskanzler gewählt. Das Amt bekleidete er bis zu seinem Rücktritt am 15. Oktober 1963. Er starb am 19. April 1967.

Marlene Dietrich

Geboren am 27. Dezember 1901 in Berlin-Schöneberg, war sie die erste Deutsche, die eine Filmkarriere in Amerika machte. Der internationale Durchbruch gelang ihr 1929 mit der Rolle der *Lola* im ersten deutschen Tonfilm *Der blaue Engel*. 1930 ging sie nach Amerika, spielte dort unter anderem unter Regisseuren wie Billy Wilder und Ernst Lubitsch. Mit *Das Urteil von Nürnberg* drehte sie im Jahr 1961 ihren letzten großen Film. Sie starb 1992 in Paris.

Die Bedeutung des Aszendenten

Das Wort stammt aus dem Lateinischen und geht auf das Verb *ascendere* (»aufsteigen«) zurück. Damit beschreibt der Aszendent (AC) das Tierkreiszeichen, das zum Zeitpunkt und am Ort der Geburt am östlichen Horizont aufsteigt. Der Aszendent gehört zu den wichtigsten Horoskopfaktoren und geht in jede astrologische Deutung mit Qualität ein.

Da sich die Erde pro Tag einmal um ihre eigene Achse dreht, steigt bei zwölf Tierkreiszeichen im Durchschnitt alle zwei Stunden am östlichen Horizont ein neues Tierkreiszeichen auf. Dieser schnelle Wechsel ist einer von mehreren Gründen, warum für eine qualitative astrologische Deutung ein präzise berechnetes Horoskop mit genauer Angabe von Geburtszeit und Geburtsort so wichtig ist. Infolge des raschen Wechsels des Aszendenten haben zwei Menschen, selbst wenn sie am selben Ort und Tag geboren sind, nur in den seltensten Fällen das gleiche Horoskop.

Die Bedeutung des Aszendenten

Das Tierkreiszeichen am Aszendenten, das vom für uns Menschen unsichtbaren Bereich über den östlichen Horizont in den sichtbaren Bereich tritt, entspricht den Eigenschaften des Menschen, die wir in den ersten Minuten des Kennenlernens feststellen. Der Aszendent beschreibt in der astrologischen Symbolsprache damit das sichtbare Verhalten des Menschen. All das hingegen, was er denkt oder fühlt, sich erhofft und wünscht, zeigt sich nicht im Aszendenten. Demnach entspricht er der Art und Weise, wie wir uns verhalten. Er ist die ›Maske‹ unserer Persönlichkeitsstruktur. Einerseits ist diese Maske verborgen, denn auch wir selbst sind uns nicht immer bewusst, was wir zeigen, zum anderen ist sie doch äußerlich. Dem Aszendenten werden in Sternzeichen unterschiedliche Einflüsse auf die Lebensziele der Menschen zugeordnet. Der Aszendent im Zeichen des Widders bringt Mut, der Stier dagegen Gelassenheit, die Zwillinge Offenheit, der Krebs steht für Geborgenheit, der Löwe für einen starken Willen, die Jungfrau für Sachlichkeit, die Waage für Altruismus, der Skorpion für Tiefe, der Schütze bringt den Glauben an das Gute, der Steinbock symbolisiert Struktur, der Wassermann Teamgeist und die Fische stehen für Mitgefühl.

Berechnung des Aszendenten für das Sternzeichen Steinbock

Diese Tabelle gilt für Mitteleuropa. Der genaue Aszendent ist auch von dem Geburtsort abhängig, deshalb gilt diese Tabelle oft nicht ganz exakt. Sollte es in Ihrem Geburtsjahr die Sommerzeit gegeben haben, so ist 1 Stunde abzuziehen.

STEINBOCK 22.12. – 20.01.

Geburtstag Aszendent	22.12. – 31.12. Geburtszeit	01.01. – 11.01. Geburtszeit	12.01. – 20.01. Geburtszeit
Widder	12.15 – 13.15	11.45 – 12.45	11.15 – 12.15
Stier	13.15 – 14.30	12.45 – 14.00	12.15 – 13.30
Zwillinge	14.30 – 16.15	14.00 – 15.45	13.30 – 15.15
Krebs	16.15 – 18.45	15.45 – 18.15	15.15 – 17.45
Löwe	18.45 – 21.30	18.15 – 21.00	17.45 – 20.30
Jungfrau	21.30 – 00.15	21.00 – 23.45	20.30 – 23.15
Waage	00.15 – 03.00	23.45 – 02.30	23.15 – 02.00
Skorpion	03.00 – 05.40	02.30 – 05.15	02.00 – 04.45
Schütze	05.40 – 08.15	05.15 – 07.45	04.45 – 07.15
Steinbock	08.15 – 10.00	07.45 – 09.30	07.15 – 09.00
Wassermann	10.00 – 11.15	09.30 – 10.45	09.00 – 10.15
Fische	11.15 – 12.15	10.45 – 11.45	10.15 – 11.15

Der Steinbock mit seinen Aszendenten

Aszendent Widder

Eine knallharte Mischung. Während der Steinbock in all seiner Ruhe und Gelassenheit seinen Zielen zustrebt, will der Widder alles gleich und am liebsten mit lautstarkem Toben. Mit etwas Glück verbinden sich das Erdzeichen Steinbock und das Feuerzeichen Widder zu einem tatkräftigen und energiegeladenen Menschen. Er kann die Karriereleiter mit großen Schritten nach oben stürmen. Dabei können aber Beziehungen, Freundschaften und Familie auf der Strecke bleiben.

Aszendent Stier

Der Stier bringt Sinnlichkeit ins Leben des fleißig werkelnden Steinbocks. Hier treffen zwei Erdzeichen aufeinander, die sich prächtig ergänzen. Beiden zu eigen ist die Erdverbundenheit, das Wort Traumtänzerei können sie nicht mal buchstabieren, und wenn es drauf ankommt, den Besitz zu mehren und sich ein behagliches Häuschen zu schaffen, da sind sie sich einig. Wobei ›mehren‹ aus dem Wortschatz des Steinbocks stammt und mit ›behaglich‹ eher der Stier etwas anfangen kann. Von seinen Überzeugungen ist der Stier-Steinbock nur schwer abzubringen.

Aszendent Zwillinge

Diesen Steinbock wird man nicht unbedingt auf den ersten Blick als solchen erkennen – er spricht viel. Seine Ziele aber verfolgt er in gewohnt hartnäckiger Manier. Allerdings ist er durchaus nicht abgeneigt, unterwegs den einen oder anderen Vorschlag anzuhören. Der bewegliche Zwillingsverstand und dessen Aufgeschlossenheit für alles Neue machen diesen Steinbock kommunikativer. Wenn der Zwilling, das Luftzeichen, Raum und Luft zum Atmen bekommt, kann dieser Steinbock Kreativität entfalten, wenn nicht, kann aus dem Menschen solch gegensätzlicher Zeichenkombination ein unglücklicher Zeitgenosse werden.

Aszendent Krebs

Das kann schwierig werden. Weniger für die Umwelt als für den Menschen selbst, der Erd- und Wasserzeichen in sich vereint. Da ist einerseits der sehr verschlossene Steinbock, der sein Innenleben mit sich selbst ausmacht. Auf der anderen Seite zieht und zerrt der nach dem Leben lechzende Krebs an der abweisenden Hülle. Das geht nicht ohne Spannung ab. Dieser Steinbock wird vernünftig sein und ausgesprochen viel Sinn für seine Familie haben.

Aszendent Löwe

Mit dem Löwen als Aszendenten wird den Steinbock nur wenig aufhalten können. Hier paart sich der unbedingte Steinbockwille mit der glänzenden Ausstrahlung des Feuerzeichens Löwe. Der Löwe will gefallen und hat Hunger nach Macht. Der Steinbock will ebenfalls nach oben, ihn treibt vor allem materielles Interesse. Das ist eine knallharte Kombination, Prestige und Einfluss sind ihr natürliches Ziel. Aber wehe es tritt diesem stolzen und nachtragenden Charakter einer zu nahe: Verzeihen ist ihm ein Fremdwort.

Der Steinbock mit seinen Aszendenten

Aszendent Jungfrau

Arbeit ist das halbe Leben. Nein, Arbeit ist das ganze Leben. Dieser Steinbock wird es mit der Strebsamkeit übertreiben. Wenn es jemand gibt, der täglich Überstunden macht, ohne zu murren, wird er es sein. Er wird sich in die Details jener Projekte vertiefen, die seine Kollegen längst als erledigt abgehakt haben. Was er aber nicht nachvollziehen kann, in aller Bescheidenheit natürlich. Muss er eben wieder die ganze Arbeit allein tun. Wo die Gewissenhaftigkeit der Jungfrau auf die Zielstrebigkeit des Steinbocks trifft, herrscht Pflichtbewusstsein.

Aszendent Waage

Das Luftzeichen Waage verschafft der Schwere des Steinbocks mehr Leichtigkeit. Der Ehrgeiz des Steinbocks wird unter dem Einfluss der Waage nicht leiden, es sind ihm aber die Mittel des Charmes gegeben, ihn umzusetzen. Die Bescheidenheit des Steinbocks und die Freundlichkeit der Waage ergeben eine verbindliche Person, die großen Wert auf gutes Benehmen legt. Sie hat einen Sinn für Ästhetik, oft eine musikalische Ader und weiß zu genießen.

Aszendent Skorpion

Feuer trifft auf Erde, und was herauskommt, wenn es unter der Oberfläche zu heiß wird, kann man sich vorstellen. In dieser Mixtur wohnen Mut, Stärke und Leidenschaft. Ungeheure Kraft und Willensstärke zeichnen diesen Steinbock aus. Begeisterungsfähigkeit ergänzt Ehrgeiz und macht aus ihm einen verbissenen Kämpfer. Der Anspruch an den eigenen Erfolg ist immens, und wer sich ihm in den Weg stellt, ist selber schuld. Diesen Steinbock bremst nichts, abgesehen von den eigenen Gefühlen, die er aber ständig gegen den Einfluss des Skorpions zu beherrschen versucht.

Aszendent Schütze

Altruismus kann diesen Steinbock auszeichnen. Das Feuerzeichen Schütze steht unter dem Einfluss des Planeten Jupiter, das für Optimismus und Vertrauen steht, aber auch für Weltoffenheit und die Suche nach dem Sinn. In der Kombination mit dem ernsthaften und zielstrebigen Erdzeichen wird dieser Mensch sein Wirken vermutlich in den Dienst eines höheren Ziels stellen. Er ist stark von Wertvorstellungen und moralischem Empfinden geprägt, sodass er sich möglicherweise dem Guten in der Welt verschreibt.

Aszendent Steinbock

Im ›doppelten Steinbock‹ sind die Eigenschaften des Saturn-getriebenen Erdzeichens potenziert: Ehrgeiz, Strebsamkeit, Fleiß, Wille, Geduld, Bescheidenheit, Verschlossenheit. So ist er und so gibt er sich auch. Man mag ihn starr nennen, auch autoritär. Er strebt nach Anerkennung und dafür bringt er Leistung. Der doppelte Steinbock sucht sich seine Freunde sehr genau aus. Wer aber die Prüfung besteht, dem ist er treu bis in den Tod. Das gilt auch für seinen Ehepartner. Diesem wird er seine tief empfundenen Gefühle offenbaren, was er aber nicht ständig tun muss.

Aszendent Wassermann

Es ist nicht leicht, an diesen Steinbock heranzukommen. Seine typische Verschlossenheit verbindet sich mit der Eigenart des Wassermanns zu einem sehr wählerischen Menschen. Zwar sind die Trägheit und Schwere des Steinbocks durch die Luftigkeit des Wassermanns etwas gemildert, aber eine innere Zerrissenheit macht es diesem Steinbock schwer, für sich den richtigen Weg zu finden. Nur nach außen hin gibt er sich zugänglich. Er erscheint manchmal seltsam und skurril, weil in ihm die Neugier auf Neues mit dem Beharren auf Bekanntem im Widerstreit liegt.

Aszendent Fische

Völlig allein in den Bergen zu wandern, wird diesem Steinbock ein Bedürfnis sein. Zur Vorsicht des Steinbocks gesellen sich die Ängstlichkeit der Fische und ihre Neigung, Hindernissen lieber auszuweichen. Dieser Steinbock wird sich gerne und häufig in sich selbst zurückziehen. Er liebt das Alleinsein, ist sensibel und unter Umständen mutlos. Darunter leidet auch die Zielstrebigkeit. Dafür sind diese Steinböcke gefühlsbetonter als andere. Sie vermeiden Streitereien und zeigen Mitgefühl.

Steinbock

Steine, Farben, Metalle, Tiere, Pflanzen, Düfte

Was passt zum Wesensbild des Steinbocks? Welche Materialien lassen ihn sich wohl fühlen, welche Steine bevorzugt sein Charakter, mit welchen Metallen identifiziert er sich, und was sind die Farben, die er liebt? Und schließlich: Welchen Lebewesen, welchen Tieren und Pflanzen, fühlt er sich verbunden und welche Düfte beflügeln seine Fantasie?

Azurit
Bergkristall
Bernstein
Chrysopras
Grüner Turmalin
Malachit
Obsidian
Onyx
Rauchquarz
Rosenquarz
Schwarze Koralle
Schwarze Perle
Schwarzer Turmalin

Anthrazit
Blau
Braun
Dunkelgrün
Gelb
Grau
Schwarz

Steine, Farben, Metalle, Tiere, Pflanzen, Düfte

Blei

Esel
Krokodil
Rabe
Reiher
Rotkehlchen
Schaf
Seepferdchen
Steinbock
Ziegen

Edelweiß
Efeu
Eichen
Enzian
Farn
Mohn
Nadelbäume
Narzissen
Olivenbaum
Veilchen

Herbe und harzige Düfte
Eukalyptus
Flieder
Narzissen
Zeder

Steinbock

Mythen und Legenden

Der Steinbock wird als Mischwesen aus Säugetier und Fisch dargestellt. Ein Bild, das sich schon im Babylon des zweiten Jahrtausends vor Christus findet. Ab dem zweiten Jahrhundert vor Christus, wo es in Syrien auftaucht, wird die Darstellung immer wieder verwendet. Die mythologische Herleitung des Sternzeichens ist schwer nachvollziehbar. Es wird mit Pan, dem griechischen Gott des Waldes und der Natur, in Verbindung gebracht, aber auch mit Ea, einem babylonischen Gott.

Mythen und Legenden

Ea, einer der Hauptgötter Babylons

Zunächst hieß er Enki, später Ea, der Herr der Wasser und der Meere, der Gott der Weisheit und Schöpfer der Menschen. Die Legende sagt, er habe untertags seine Heimstatt, das Wasser, verlassen, um den Menschen die Kunst und die Zivilisation zu bringen. Nachts verschwand er wieder im Dunkel des Ozeans.

Mythen und Legenden

Der Kampf gegen die Giganten

Eine andere Sage rankt sich um den Hirtengott Pan und seine Rolle beim Angriff der Giganten auf die Götter des Himmels. Typhon, Sohn der Gaia und des Tartaros, steht an der Spitze der Giganten. Um den anstürmenden Unholden zu entgehen, verwandeln sich die Götter zunächst und fliehen. So wird Hera, die Gemahlin des Zeus, eine weiße Kuh, Zeus selbst zu einem Widder, Artemis eine Katze, und Pan macht aus seiner oberen Hälfte eine Ziege, aus der unteren einen Fisch. Später hilft er Zeus, den Typhon zu überwinden, und zum Dank stellt der Göttervater ihn als Sternbild in den Himmel.

Pan – der Lebemann

Die Verbindung zwischen dem Tierkreiszeichen Steinbock und dem Gott Pan im Mythos ist nicht stringent belegbar. Zwar verehrten die Griechen das Tier als Gott Pan, den Gott der Schafhirten, der hatte aber von den Eigenschaften, die man heute dem Steinbock zuschreibt, herzlich wenig zu bieten. Vielmehr galt er als Lebemann, als Casanova und unverbesserlicher Schürzenjäger, der jeder Frau hinterherstieg, die nicht ›bei drei auf den Bäumen‹ war. Er liebte es, die Menschen mit plötzlichem Lärm und mit lauten Geräuschen zu erschrecken – daher übrigens rührt der Ausdruck *panische* Angst und die *Panik*. Immerhin zwei Parallelen zeichnen sich ab: Pan war ein begnadeter Musiker, der sich aus Schilfrohr eine Flöte schnitzte.

Und auch unter den Steinböcken finden sich in manchen Konstellationen viele, die einen ausgeprägten Hang zur Musik haben, sei es als selbst und eifrig praktizierende Musiker oder als Sammler von musikalischen Aufnahmen und Raritäten. Die zweite Verbindung dürfte in einem gewissen Einzelgängertum zu finden sein und der Neigung vieler Steinböcke, die Einsamkeit, ebenso wie der Gott Pan, in der Natur zu suchen.

Der Steinbock und die Liebe

Steinbock-Frau

Frau Steinbock ist in der Liebe unbedingt und entschieden. Dem Mann an ihrer Seite ist sie treu, nicht mal träumen würde sie von einem Seitensprung. Zum Träumen hat sie ohnehin keine Zeit, warum die Zeit mit Spinnereien vergeuden, das Leben ist zum Arbeiten da.

Das muss Mann wissen, wenn er sich um eine Steinbock-Frau bewirbt. Ein Leben in Müßiggang wird er nicht führen können, weil sie auch von ihm unbedingten Einsatz verlangt. Erfolg und materielle Sicherheit für sich und ihre Familie gehen ihr fast über alles. Sie prüft lange und intensiv, bevor sie sich bindet, und es kann sogar sein, dass sie das Bankkonto eines potenziellen Kandidaten checkt, bevor sie ihren Gefühlen freien Lauf lässt. Die Steinbock-Frau verbirgt ein großes, warmes Herz in ihrem Innern, das sie aber nur dem offenbart, der ihr Vertrauen gewonnen hat.

Steinbock-Mann

Eine Ehe mit einem Steinbock-Mann? – Ja, unbedingt. Ein bisschen Toleranz sollte seine Partnerin zwar mitbringen, denn ebenso wie im Beruf widmet sich der Steinbock-Mann auch den häuslichen Pflichten, die er sich auferlegt hat, mit hundertprozentigem Einsatz. Und weil der Steinbock auch seine Hobbys als Arbeit ansieht, wird er sie mit der gleichen Akribie verfolgen wie seine beruflichen Aufgaben, und darüber vergisst er leicht, dass seine Partnerin auch Termine hat.

Aber er tut das alles auch zum Besten seiner Partnerin und seiner Familie. Der Steinbock würde 24 Stunden lang arbeiten, wenn es sein müsste, um seinen Lieben ein gutes Auskommen zu sichern. Schließlich empfindet der Steinbock-Mann für die Frau, die er sich einmal erwählt hat, eine so tief gehende Liebe, dass diese ihresgleichen sucht.

Der Steinbock und seine Beziehungspartner

Beziehungspartner Widder

Steinbock-Frau und Widder-Mann

Eifersucht, die der Widder gerne an den Tag legt, wird nicht Problem Nummer eins zwischen diesen beiden sein. Weil die Steinbockdame nicht auf Abenteuer aus ist. Aber vermutlich wird es zwischen ihr und dem Widder erst gar nichts werden. Er ist ihr viel zu aufgeregt, und sein steter Tanz ums eigene Ich wird sie in ihrer ruhigen Strebsamkeit nur stören. Eine Verbindung mit wenig Zukunftsaussichten.

Steinbock-Mann und Widder-Frau

Die lebhafte Widder-Frau wird dem häuslichen Steinbock zu sehr nach außen orientiert sein. Umgekehrt weiß sie die Qualitäten des Steinbock-Mannes nicht zu schätzen. Bei ihr muss es schnell gehen, sie sucht den persönlichen Erfolg und liebt es, wenn die Männer ihr zu Füßen liegen. Das aber ist die Art des Steinbocks nicht. Er liebt die Sicherheit und lässt sich nur auf Wettbewerbe ein, die er sicher gewinnt.

Beziehungspartner Stier

Steinbock-Frau und Stier-Mann
Auch diese Kombination kann gut harmonieren. Die Entschlossenheit des Stier-Mannes kann durch den Ehrgeiz der Steinbockdame genau den richtigen Anstoß erfahren. Er kann ihr aber auch ein wenig zu gemütlich sein. Der Stier-Mann liebt, ebenso wie die Steinbock-Frau, zwar seine vier Wände, mag es aber dann doch etwas behaglicher, als es die manchmal etwas kühle Dame einzurichten pflegt. Außerdem ist er weitaus geselliger als sie, die zwar ihrem Herzallerliebsten ihr Innenleben offenbart, allen anderen aber weiterhin gerne die frostige Hülle zeigt.

Steinbock-Mann und Stier-Frau
Eine fast geniale Kombination. Die Stierdame sucht die Häuslichkeit und wohlgeordnete Verhältnisse, der männliche Steinbock möchte ihr

genau das bieten. Was also ist besser, als wenn sich diese beiden Erdzeichen zusammenschließen. Unter Umständen ist der eher sinnlichen Stier-Frau der Steinbock ein wenig zu nüchtern. Wenn er von ihr lernen kann, dann steht einem perfekten Glück mit einem gut gefüllten materiellen Sicherheitspolster nichts im Wege.

Beziehungspartner Zwilling

Steinbock-Frau und Zwilling-Mann
Vermutlich wird der männliche Zwilling auf halbem Wege aufgeben. Die Steinbock-Frau ist ihm zu schwer zu gewinnen. Zudem wird die verschlossene Stolze schnell merken, dass sie es mit einem Windhund zu tun hat, der zwar charmant, aber auch wankelmütig ist. Und Interesse am Abenteuer hat sie gar nicht. Falls die beiden doch zusammenkommen, muss die Liebe sehr groß sein, damit tatsächlich eine belastbare Beziehung entstehen kann.

Steinbock-Mann und Zwilling-Frau
Der Steinbock ist nicht gerade ein extravertierter Typ, ein Umstand, der die lebhafte Zwillings-

dame verunsichert. Was sie verbindet, ist ihre sachliche Einstellung zum Leben. Der Steinbock-Mann bestimmt die Dinge mit trockener Klarheit, während die Zwillingsfrau sie mit lebendigem Geist analysiert. Wenn die beiden ihr Zusammenleben mit eindeutigen Übereinkünften regeln können, kann sich eine große Beziehung entwickeln. Schließlich kann der konsequente Steinbock genau der Mann sein, der der unruhigen Zwillingsdame die sichere Bahn weist.

Beziehungspartner Krebs

Steinbock-Frau und Krebs-Mann

Eine mit Problemen belastete Paarung. Der männliche Krebs ist der realistischen Steinbockdame viel zu romantisch. Sie erwartet von ihrem Ehemann, dass er erfolgreich ist und nach oben will, und wird mit so einem gefühlsbetonten Träumer nur wenig anfangen können. Gemeinsam haben sie ihre Verwundbarkeit. Während er seine Verletzungen aber in sich hineinfrisst, trägt sie sie demjenigen jahrelang nach, der sie ihr zugefügt hat.

Steinbock-Mann und Krebs-Frau

Für die Krebs-Frau kann eine solche Partnerschaft schwierig werden. Für das sensible Wasserzeichen sind Gefühle das A und O, vor allem in der Beziehung. Der Steinbock-Mann aber hat genau hier seine Schwachstelle. Gefühle hat er zwar, tiefe sogar, aber es fällt ihm schwer, sie zu zeigen. Das kann für jede Partnerin schwer zu verkraften sein, für die sensible Krebsdame umso mehr. Verbinden dürfte die beiden ihr Streben nach Sicherheit. Wenn sie sich verstehen lernen, kann diese Beziehung harmonieren, zumal der Steinbock-Mann gerne ein konservatives Beziehungsmuster pflegt.

Beziehungspartner Löwe

Steinbock-Frau und Löwe-Mann

Der Löwe-Mann hat durchaus Chancen, die kühle Steinbockdame zu erobern, schließlich ist er ein ausgemachter Charmeur. Aber dann fangen die Schwierigkeiten schon an. Sie will zum Griechen, er zum Spanier, sie will zu Hause den nächsten Arbeitstag vorbereiten, er möchte sich in Schale werfen und ausgehen.

Dann wird sie der Meinung sein, er werfe das Geld zum Fenster hinaus, während er nicht verstehen kann, dass sie von Genuss so gar nichts versteht. Keine guten Chancen für die Liebe.

Steinbock-Mann und Löwe-Frau

Diese beiden müssen lernen, miteinander zu leben. Und das wird ein mühsamer Weg sein. Der männliche Steinbock ist viel zu nüchtern für die etwas eitle Lebedame, die das Element Feuer repräsentiert wie kein anderes Sternzeichen. Sie liebt den Luxus, er neigt eherner Sparsamkeit zu. Sie will bewundert werden, er kümmert sich um seine Arbeit. In der leidenschaftlichen Liebe könnten sie harmonieren, aber eher nur für kurze Zeit, weil die Löwin dem Steinbock viel zu oberflächlich scheint, um ihr seine wirklichen Gefühle zu zeigen.

Beziehungspartner Jungfrau

Steinbock-Frau und Jungfrau-Mann

Große Gefühlsausbrüche wird es zwischen diesen zwei Zeichen nicht geben. Dafür sind beide viel zu zurückhaltend. Wobei – die männliche

Jungfrau ist vielleicht sogar für einen weiblichen Steinbock zu wenig romantisch. Er wird ihren Ehrgeiz aber mit all seinem Pflichtbewusstsein aufs Schönste ergänzen. Diesen Partner muss die Steinbock-Frau nicht antreiben und in ihrer Treue und Beständigkeit können die beiden miteinander alt werden.

Steinbock-Mann und Jungfrau-Frau

Dieses Paar wird immer pünktlich auf einer Party erscheinen. Sie wird darauf achten, dass ihrer beider Leben gut durchorganisiert ist, und er wird es ihr danken, denn dann hat er den Raum, all seine Pflichten zu erfüllen. Steinbock-Mann und weibliche Jungfrau sind wie füreinander geschaffen. Sie prüft den Partner, für den sie sich entscheidet, bis ins Kleinste, und er braucht ohnehin lang, bis er sich Klarheit über seine Gefühle verschafft hat. Beide sind absolut zuverlässig, prickeln wird es in einer so strukturierten Partnerschaft aber nicht allzu lange.

Beziehungspartner Waage

Steinbock-Frau und Waage-Mann
Die Steinbock-Frau ist dem Waage-Mann mit Sicherheit zu stark, auch wenn er selbstbewusste Frauen mag. Diese Zielstrebigkeit aber kann für den wenig entscheidungsfreudigen Waage-Mann dann doch etwas zu hart sein. Wenn er sich darauf einlässt, könnte sie ihm auf seinem Lebensweg zu mehr Stabilität verhelfen, während er sie umgekehrt zu etwas mehr Leichtigkeit und Genussfreude inspirieren kann. Wenn sie an seiner Seite lernt, sich an der Schönheit des Augenblicks zu erfreuen, kann sich hier eine befruchtende Partnerschaft entwickeln.

Steinbock-Mann und Waage-Frau
Die Waage-Frau ist dem Steinbock-Mann zu luftig in ihrem Herangehen an die Dinge des Lebens. Sie kann sich dagegen von seiner äußerlichen Härte abgeschreckt fühlen, seine Zielstrebigkeit kann sie verunsichern. Während die Waage-Frau eher den schönen Dingen des Seins zugeneigt ist und sich auch mal einfach inspirieren lässt, plant und strukturiert der Steinbock-Mann

seinen Tagesablauf in großer Sachlichkeit. Vielleicht ist die Toleranz der Waage der Weg.

Beziehungspartner Skorpion

Steinbock-Frau und Skorpion-Mann

In dieser Beziehung wird er herrschen. Hier hat die Steinbock-Frau ihren Meister gefunden, wenn es darum geht, die Führung in einer Partnerschaft zu übernehmen. Wenn sie das akzeptieren kann, dann kann sie mit dem männlichen Skorpion genau den Partner gefunden haben, der zu ihren Ansprüchen passt. Er wird ihren innersten Kern nicht nur berühren, sondern mit seiner unbedingten und leidenschaftlichen Liebe aufrühren, und die Ernsthaftigkeit des Skorpions wird sie von Anfang an anziehen und auch selten enttäuschen.

Steinbock-Mann und Skorpion-Frau

Hier treffen zwei sehr entschiedene Liebes- und Lebenspartner aufeinander. Die große Leidenschaft der Skorpion-Frau verbindet sich mit dem tiefen Gefühl des Steinbocks zu einer untrennbaren Beziehung. Der Steinbock-Mann ist genau der starke Gegenpart, den der weibliche Skorpion braucht. Die Eifersucht der Skorpiondame findet hier keine Nahrung, weil der Steinbock-Mann einen Teufel tun wird, fremdzugehen oder auch nur daran zu denken.

Beziehungspartner Schütze

Steinbock-Frau und Schütze-Mann

Dem Sicherheitsdenken der Steinbock-Frau wird der männliche Schütze nicht viel zu bieten haben. Wie soll ein solcher Luftikus dafür sorgen, dass Haus und Auto finanziert werden? Umgekehrt wird sich der den ideellen Werten zugewandte Schütze von der realistischen und nüchternen Art der Steinbock-Frau eingeschnürt und ausgebremst fühlen. Sie werden sich nicht viel zu sagen haben, und eine Ehe zwischen den beiden, wenn sie ihr gesunder Menschenverstand nicht im richtigen Augenblick im Stich lässt, wird gar nicht erst zustande kommen.

Steinbock-Mann und Schütze-Frau

Auf geistiger Ebene werden diese zwei Zeichen nur wenig Gemeinsamkeit finden. Während sie über das Sein, das Nicht-Sein und Gott und die Welt philosophiert, sitzt er längst an seinem Schreibtisch und kümmert sich darum, dass die Kasse stimmt. Auch mit ihrem Drang, die Welt zu erforschen, wird die Schütze-Frau beim Steinbock-Mann auf wenig Verständnis stoßen. Erstens ist er lieber zu Hause, und zweitens kostet viel Reisen viel Geld – und das legt er lieber auf die hohe Kante.

Beziehungspartner Steinbock

Steinbock-Frau und Steinbock-Mann

Vier Hörner! Natürlich werden sie sich verstehen. Schließlich sind sie beide arbeitsam, ehrgeizig, unendlich pflichtbewusst. Sie streben nach einem Haus, das abbezahlt sein soll, bevor sie die Rente erreichen, und in ihrer Partnerschaft können sie sich nichts Schlimmeres vorstellen als einen Seitensprung. Perfekte Harmonie? Vielleicht. Aber wohl auch ausgemachte Langeweile.

Steinbockpaare können gemeinsam sehr erfolgreich sein, wenn sie sich ein Ziel gesteckt haben. Vermutlich aber wird es in ihrem ganzen Leben nicht vorkommen, dass beide sich einfach mal einen Stuhl vors Haus stellen und für fünf Minuten die Sonne genießen. Wenn sie gelegentlich in den Urlaub fahren, dann in Verbindung mit einem beruflichen Auftrag, so können sie die Kosten wenigstens von der Steuer absetzen und brauchen ihrem Chef gegenüber kein schlechtes Gewissen zu haben. Und weil sie beide auf sexuellem Gebiet nicht besonders innovativ sind, wird es auch in ihrem Schlafzimmer eher ernsthaft zugehen.

Beziehungspartner Wassermann

Steinbock-Frau und Wassermann-Mann
Dem männlichen Wassermann ist seine Freiheit wichtig. Wenn er sich eingeengt fühlt, wird er das Weite suchen. Was Frau Steinbock überhaupt nicht verstehen und auch nicht haben kann. Sie liebt das ausschließliche Zusammensein mit ihrem Partner, das einträchtige miteinander arbeiten und streben. Zudem wird der Wassermann mit seinen eher kühlen Empfindungen die Steinbock-Frau kaum erreichen können. Eine Basis also werden diese beiden, die erdige

Steinbock-Frau und der vom Element Luft regierte ›Wasser-Mann‹ kaum finden.

Steinbock-Mann und Wassermann-Frau
Geht gar nicht. Der Steinbock wird die Wassermann-Frau nicht ausreichend faszinieren können. Zu sehr liebt sie das Besondere, Andersartige. Sie möchte ein Leben jenseits strenger Geregeltheiten führen, Konventionen sind ihr ein Gräuel, und weil sie ein Luftzeichen ist, lebt sie viel mehr in einer Welt der Vorstellungskraft und der Fantasie als der Steinbock. Ihr Temperament ist ihm zu viel und seine Ernsthaftigkeit ist ihr zu wenig. Keine Paarung mit großer Zukunft.

Beziehungspartner Fische

Steinbock-Frau und Fische-Mann
Er wird sie bewundern, sie sich bewundern lassen, und tatsächlich können daraus eine Affäre und schließlich eine Beziehung werden. Weil die Steinbock-Frau allerdings, ebenso wie ihr männliches Pendant, gerne die Zügel in der Hand hält, kann es passieren, dass der Fische-

Mann in dieser Beziehung zu kurz kommt. Und bevor seine Gefühle verkümmern, sucht er sich die Befriedigung lieber woanders. Wenn ihm die Steinbock-Frau da aber draufkommt, ist die Beziehung gelaufen.

Steinbock-Mann und Fische-Frau

Die Fische-Frau kann mit ihrer starken Gefühlsbetonung eine Befruchtung für den männlichen Steinbock sein, der in seiner ernsthaften Arbeitsethik dem Weiterkommen und der Sachlichkeit frönt. So wie das Wasser die Erde aufweicht, so kann auch ihr Einfluss den Ehrgeizling weicher machen, ihm Dimensionen des Lebens erschließen, die er so nicht kannte. Auf der anderen Seite aber kann sie in all ihrer Freundlichkeit auch untergehen in der Beziehung zum männlichen Steinbock, weil sie es ihm leicht macht, das Ruder in die Hand zu nehmen.

Die Bedeutung des Mondes in der Astrologie

Ebenso wie die Sonne fasziniert auch der Mond die Menschen seit Urzeiten. Für Naturvölker symbolisierten beide Gestirne die Kräfte und Energien, denen der Mensch ausgesetzt ist. Ist die Sonne für die Willenskraft verantwortlich, steht der Mond hingegen für die Intuition, für die emotionalen Energien. Demnach symbolisiert der Mond die weibliche Seite des Menschen, das Gefühl, das ›Weiche‹. Ebenso steht der Mond für das ›innere Kind‹, das zeitlebens und während der gesamten Erwachsenenphase in jeder Person lebt.

Jahreszeiten und Mondphasen

Der Mondzyklus dauert im Schnitt 29 Tage. Er wird in vier Phasen unterteilt, von denen jede Periode Ausdruck einer bestimmten Form von Energie ist, vergleichbar mit den Wachstumsphasen einer Blütenpflanze im Lauf der Jahreszeiten. Der zunehmende Mond lässt die Pflanze knospen, bei Vollmond hat sie die ganze Blüte erreicht, bei abnehmendem Mond nähert sie sich dem Zustand des Verwelkens, wogegen sie bei Neumond erneut zu keimen beginnt. Für ein möglichst zuverlässiges Horoskop ist es deshalb von Bedeutung, neben dem Sternzeichen (Sonne), dem Aszendenten (Planeten) und der Kombination des Sternzeichens mit dem Mondzeichen (Mond) auch die Mondphase zu berücksichtigen, in der ein Mensch geboren wurde. Denn die Energie des Mondes zum Zeitpunkt der Geburt kann sich stark auf die Ausprägung der Persönlichkeit auswirken. Die Entsprechung des ›Planeten‹ Mond ist das Sternzeichen Krebs.

Nach innen oder außen gerichtet

Menschen, die in der Vollmondphase und in der Periode des zunehmenden Mondes geboren wurden, sind häufiger extravertiert, also nach außen gerichtet. Menschen hingegen, die bei Neumond oder bei abnehmendem Mond das Licht der Welt erblickten, gelten häufiger als introvertiert, also in sich gekehrt.

Wenn Sie es genau wissen wollen und den möglichst genauen Zeitpunkt Ihrer Geburt kennen, können Sie mithilfe von Mondtabellen die Mondphase, in der Sie geboren wurden, ermitteln. Diese können Sie zum Beispiel im Internet mithilfe von Suchmaschinen unter dem Suchbegriff ›Mondphasen-Tabelle‹ finden.

Der Steinbock mit dem Mond im Sternzeichen

Wie die Sonne durchwandert auch der Mond die Sternzeichen. Allerdings wechselt er die Sternzeichen nicht ca. alle 4 Wochen wie die Sonne, sondern alle 2 bis 3 Tage. Unter welchem Mond Sie geboren wurden, können Sie zum Beispiel mithilfe von Suchmaschinen im Internet unter dem Suchbegriff ›Mondkalender‹ herausfinden.

Steinbock mit Mond im Widder

Es kommt vor, dass ein Steinbock mit dem Mond im Widder völlig Steinbock-untypisch nach vorne prescht, wenn er sich etwas in den Kopf gesetzt hat. Geduld ist die Stärke des feurigen Widders nicht, und da kann die Vorsicht des Erdzeichens Steinbock auf der Strecke bleiben. Die Energie des Widders wird diese Kombination in der Regel zu einem erfolgreichen Menschen machen. Was diese Zeitgenossen ein wenig unangenehm machen kann, ist der starke Wunsch des Widders, mehr als nur das letzte Wort zu haben.

Steinbock mit Mond im Stier

Mit dem Mond im Stier wird der Steinbock fast zu einem Genießer. Gemeinsam haben die beiden ihre Ausdauer. Der Steinbock stellt seine Ziele ohnehin nicht infrage, vom Stiermond bekommt er noch ein Quäntchen Temperament obendrauf. Wenn dieser Steinbock will, dann will er wirklich und kann das auch, wenn er lange genug gereizt wird, mit deutlichem Schnauben nach außen hin kundtun. Ideelle Werte werden diesem Menschen herzlich wenig bedeuten, er will vor allem haben und besitzen.

Steinbock mit Mond im Zwilling

Der Einfluss des Luftzeichens Zwilling macht ihn zu einem schillernden Charakter. Er interessiert sich für vieles, kommuniziert gerne, ohne dabei aber gleich in die ganze Oberflächlichkeit des Zwillings zu verfallen. Menschen mit dieser Kombination fallen die Kleinigkeiten des Lebens ins Auge, sie können gut beobachten. Der Steinbock mit seiner ehrgeizigen Schwere sorgt für die notwendige Verankerung in der Realität, während der Zwilling Fantasie und Lebhaftigkeit des Geistes beisteuert.

Steinbock mit Mond im Krebs

Kein Steinbock, wie er im Buche steht, eher das Gegenteil ist der Fall. Der Einfluss des Krebsmondes bringt die gesamte sonst tief versteckte Sensibilität des Steinbocks an die Oberfläche. Ein großes Bedürfnis nach Rückzug und Bewahren des Erreichten kennzeichnet ihn, zumal er innerlich ein wenig rastlos ist und es ihm an Selbstbewusstsein mangeln kann. Menschen mit dieser Kombination werden weniger dem Intellekt als mehr ihrer Intuition folgen. Sie sind weicher als der gewöhnliche Steinbock.

Steinbock mit Mond im Löwen

Eines vor allem haben Steinbock und Löwe gemeinsam: die Liebe zu wertvollen Dingen. Wobei der Löwe schlichtweg einen teuren Geschmack hat, der Steinbock aber Statussymbole schätzt und gerne den Nachbarn zeigt, welches Auto er in seiner großzügigen Garage stehen hat. Die typische Steinbocksparsamkeit kann bei dieser Kombination verloren gehen. Schwierigkeiten bringt auch der Gegensatz zwischen der Begeisterungsfähigkeit des Löwen und der Überlegtheit des Steinbocks mit sich. In Einklang gebracht, können sie jedoch ein erfolgreiches Kraftpaket ergeben.

Steinbock mit Mond in der Jungfrau

Praktische Naturen wie diese beiden Erdzeichen gehen in allen Lebenslagen überlegt zu Werke. Hier werden keine übereilten Entscheidungen getroffen, schon die doppelte Vorsicht verbietet das. Die Jungfrau kann einen Hang zur Nervosität mitbringen, die kühle Überlegtheit des Steinbocks sollte diesen allerdings ausgleichen können. Für diesen Menschen ist klar: Vorschriften sind dazu da, eingehalten zu werden, und der Sinn von Arbeit ist, sie zu erledigen.

Steinbock mit Mond in der Waage

Die eher zögerliche Komponente der harmoniebedürftigen Waage wird durch die entschlossene Tatkraft des Steinbocks ausgeglichen. Der Waage-Steinbock orientiert sich stark an gesellschaftlichen Erwartungen. Selten wird sich diese Zeichenkombination jenseits der Normen wagen. Soziales Engagement gehört unbedingt zum Charakter dieses Menschen, der eine ausgesprochene Begabung für Diplomatie mitbringt. Ein Partner ist für diesen romantisch veranlagten Steinbock lebenswichtig, den Partner zu finden wird ihm aber nicht schwerfallen.

Steinbock mit Mond im Skorpion

Dieser Steinbock ist der ›Ganz-oder-gar-nicht-Typ‹. Wenn er etwas macht, dann macht er es richtig. Die Beharrlichkeit des Erdzeichens paart sich mit großer emotionaler Kraft des Wasserzeichens Skorpion. So einer kann einen Beruf nicht nur ausüben, weil er damit Geld verdient, sondern er muss ihn lieben. Ähnlich geht es diesem Steinbock in der Liebe. Bei aller Treue, die den Steinbock auszeichnet – eine nicht erfüllende Liebesbeziehung kann er nicht wegstecken.

Steinbock mit Mond im Schützen

Man möchte ihn fast leichtsinnig nennen, diesen seltsam unausgeglichenen Zeitgenossen. Die Neigung zum Glücksspiel bringt der abenteuerlustige Schütze in die innere Beziehung zwischen diesen beiden Zeichen unterschiedlicher Elemente. Der Steinbock wird dagegen genauso ankämpfen wie gegen diesen großzügigen Optimismus, der ihm völlig fremd ist. Wenn das Streben des Schützen nach Erkenntnis und neuem Wissen für das Fortkommen im Sinne des ehrgeizigen Steinbocks genutzt werden kann, dann wird dieser Mensch Zufriedenheit erreichen.

Steinbock mit Mond im Steinbock

An seine Gefühle kommt dieser zweifache Steinbock nur sehr schwer heran. Die kühle Distanz, die er sich zu seiner Umwelt schafft, gilt auch für ihn selbst. Verständlich, denn dieser Steinbock hat große Angst vor Verletzungen, die er nur schwer verwinden kann. Nahe stehenden Menschen begegnet er mit enormem Verantwortungsgefühl. Absolute Selbstkontrolle geht mit verbissenem Ehrgeiz einher. Verdrängte Gefühle können den selbstzweiflerischen Zug verstärken und zu emotionalen Schwierigkeiten führen.

Der Steinbock mit dem Mond im Sternzeichen

Steinbock mit Mond im Wassermann

Wie hinter einem Schleier wird man diesen Menschen wahrnehmen. Während der Steinbock Zurückhaltung geradezu ostentativ übt, gibt sich der Wassermann zwar gerne verbindlich, wahrt aber Sicherheitsabstand. Leidenschaft wird in diesem Menschen nicht pulsieren, der Steinbock hält sie unter Verschluss und der Wassermann lässt sie gar nicht erst aufkommen. Dennoch bringt der Wassermann ein intuitives Verständnis der Dinge mit, das diesen Menschen in der Kombination mit der hartnäckigen Akribie des Steinbocks zu einem Erfolgsmenschen werden lassen kann – der auch nichts gegen Bewunderung einzuwenden hat, wenn sie denn aus der Ferne kommt.

Steinbock mit Mond in den Fischen

Hier kommen wieder einmal Gefühl und Vernunft zusammen. Der Steinbock kann mit seiner ernsthaften Bodenständigkeit die enorme Sensibilität des Fisches ein wenig ausgleichen, trotzdem wird ein solcher Steinbock sich eher einmal mehr als weniger in sich selbst zurückziehen und die Ruhe zur Selbstreflexion, eher noch zur Grübelei suchen. Ausgeprägtes Mitgefühl zeichnet ihn aus.